NORWEGEN

Bilder und Texte von
Kai-Uwe Küchler

Inhalt

Erste Seite:
Der Leuchtturm Kråkenes auf der Insel Vågsøy trotzt nicht nur den Stürmen, er bietet auch Gelegenheiten zum Übernachten. Hochzeitspaare können eine ganze Suite mieten.

Seite 2/3:
Die Trekkingtour über den Besseggen-Kamm zwischen Bessvatnet und dem Gjende-See ist ein Superlativ.

Seite 4/5:
Die älteste Stabkirche Norwegens steht in Urnes. Sie wurde um 1130 bis 1150 erbaut. Noch heute sind ursprüngliche Ornamente aus der Wikinger-Zeit erhalten.

Seite 8/9:
Über 600 Meter und fast senkrecht ragt der steile Felsen Preikestolen, „der Predigtstuhl“, im Lysefjord in die Höhe.

Norwegen – Sehnsuchtsziel im hohen Norden

Ob Sommer oder Winter, Frühjahr oder Herbst, wie ein riesiger unsichtbarer Magnet zieht das Land am äußersten nördlichen Ende unseres Kontinents unzählige Besucher an. Aber weshalb? In südlicheren Regionen hat Europa nun wahrlich freundlicheres Wetter zu bieten, daneben ausgedehnte Sandstrände, hohe Berge, Meer und Inseln, Entertainment und Zerstreuung pur. Die Suche nach Gründen für die Beliebtheit Norwegens scheint auf den ersten Blick schwierig. Liegt das Geheimnis dieser Faszination in der Ursprünglichkeit der Natur begründet? Norwegen hat sie, fast könnte man sagen, im Übermaß. Ist es die Sehnsucht nach Ruhe? Vielleicht aber wollen die Besucher auch nur – bescheidener – eine kurze Auszeit genießen, Kletter- und Trekkingtouren unternehmen, auf einsamen Wegen die Hochebenen durchmessen oder die wild zerklüfteten Küsten bei Wind und Wetter erleben? Wer in Norwegen unterwegs ist, trifft sie, die Wanderer, die zu Fuß oder mit dem Fahrrad, mit Bussen, der Bahn und mit Fähren das Land erkunden. Abenteuer sind in Norwegen garantiert.

Doch was ist mit jenen, die ein freundliches, entspannendes Ambiente suchen und die gewohnten Annehmlichkeiten einer modernen hoch entwickelten Industrienation nicht missen möchten? Auch für sie halten die Norweger ein vielseitiges Angebot parat. Abwechslung und Unterschiedlichkeit sind gefragt, ob im tiefen Süden oder hohen Norden. Schließlich hat Norwegen die stattliche Ausdehnung von 1750 Kilometer aufzuweisen. Weite Gebiete liegen jenseits des

Der Nærøyfjord wird mit „Schmaler Fjord“ übersetzt. Er ist trotz seiner hohen Felsen an einigen Stellen nur 250 Meter breit.

Polarkreises. Und wer mit dem Auto oder dem Camper gen Norden fährt, hat am Polarkreis erst die Hälfte seiner Strecke „bewältigt".

Das heißt, sofern er sich nicht zuvor schon von seiner Rallye zum Nordkap hat ablenken lassen. Wer rast schon mit Höchstgeschwindigkeit durch dieses Land? Selbst wenn er ein bestimmtes Ziel erreichen möchte – in Norwegen ist der Weg das Ziel. Und der hat viele attraktive Haltepunkte oder „Umwege" zu fantastischen Naturerlebnissen. Selbstverständlich – und auch das ist möglich – kann man sich einfach treiben lassen, rasten und übernachten, wo es einem gefällt, ohne sich um ein Quartier sorgen zu müssen. Sollte man den einen Campingplatz verpassen, ist der nächste nicht weit. Und wer kein Zelt mit sich führt, kann dort auch in festen „Hütten" übernachten. Dann allerdings sollte man sich nicht erst gegen Mitternacht um Unterkunft bemühen, selbst wenn es im Hochsommer um diese Zeit noch taghell ist.

Von Mythen umwittert

Schon zu Urzeiten – oder präzisieren wir – seit historisch nachprüfbaren und wissenschaftlich belegbaren Zeiten übte Norwegen eine unwiderstehliche Faszination auf Menschen aus. Sie waren von dieser seltsamen, von Geheimnissen und Mythen umwitterten und wohl kaum bewohnbaren Eiswüste – oder was es sonst auch sein mochte, angezogen. Wurde der südliche Teil Norwegens und Skandinaviens noch der gemäßigten Zivilisation zugerechnet (sehen wir von den räuberischen Wikingern ab), so blieb die Nordkalotte, wie wir heute das damalige, noch grenzenlose Gebiet von der Eismeerküste bis zur Halbinsel Kola heute nennen, in ein geheimnisvolles Dunkel gehüllt. Bekannt ist, dass dort aus den Weiten Sibiriens die Samen einwanderten. Fjorde und Küstenstriche hatten sich die Wikinger punktuell zu Nutze gemacht. Doch ab wann? Oder: Wer war vor ihnen da? Seltsame Felsbilder, stilisierte Schiffe und Menschen, vor Tausenden von Jahren in den harten Granit geritzt, geben Zeugnis, dass der hohe Norden schon sehr früh besiedelt war. Aber wer waren diese Künstler? Wir wissen es nicht.

Im frühen Mittelalter gab das Land, zumindest schwedischen Provinzlern und ihrem Seelenheil, andere beunruhigende Rätsel auf. Um zu überprüfen, ob jene gotteslästerlichen Gerüchte stimmten, in denen behauptet wurde, im Som-

Der circa 150 Meter hohe Tvindefossen liegt nur zwölf Kilometer von der Ortschaft Voss entfernt. Da der prächtige Wasserfall direkt an der E16 liegt, lohnt hier ein Stopp auf der Fahrt von Bergen nach Flåm.

mer ginge dort die Sonne nicht unter, entsandte selbst ein König (Karl XI.) 1695 eine Expedition in diese unwirtlichen Gefilde am Rand der Welt.

Doch was war an ernsthafter Literatur über dieses Land am eiskalten Nordmeer zu lesen? Mit den einfachen Runen der Nordmänner ließen sich keine Berichte schreiben. Erst mit der Christianisierung brachte das Latein der Mönche Kunde von Ereignissen und Verhältnissen aus den skandinavischen Ländern in das dichter besiedelte Europa. Nach der Landnahme in Island um die Jahrtausendwende entwickelte sich aus mündlichen Überlieferungen eine eigenständige Sagaliteratur in altisländischer Sprache. Und nun kommen wir nicht umhin, den berühmtesten der isländischen Skalden, den Sagadichter, Politiker und Historiker Snorre Sturluson, zu nennen. In der ersten Hälfte des 13. Jahrhunderts besuchte er mehrmals für längere Zeit Norwegen. Seine Sagas geben Auskunft und historisches Kolorit aus der damaligen Zeit.

Und in deutschen Landen, was war da wohl über die Region im äußersten Norden zu erfahren? Blättern wir in alten Schriften, etwa in „D. Johann Fausti Historien“. Sie war von einem unbekannten Autor verfasst und 1593 (als zweiter Teil der ersten Ausgabe von 1587) „in Druck verfertigt“ worden und schildert unter anderem wie Christopheri Wagner nach Lappenland fuhr. „In diesem Land sind die Leute wie der Teuffel selber“, steht dort geschrieben. „Sie wohnen an einem Ort bei dem gefrorenen Meer, bauen keinen Acker und ziehen kein Vieh, als nur das Tier, das Tarandum genannt wird. Sie erhalten

Die versteinerten Trolle am Trollholmsund. Der Trollholmsund liegt am Porsangerfjord in Nordnorwegen.

sich von der Jagd, fangen Fische und halten Holz und Stein für ihren Gott. Es ist bei ihnen ein großer, mächtiger Haufe von allerlei Gespenstern, die mit ihnen umgehen, essen und trinken, auch reden und wandeln, und die durchaus nit davongetrieben oder verjagt werden können. Und weil sie fürnehmlich von den Seelen oder Gesichten der Verstorbenen und Toten geplagt, erschreckt und verwirrt werden, haben sie, damit es nicht mehr geschehe, den Brauch, die Toten unter dem Herd zu vergraben."

Tropische und eiskalte Zeiten

Die spektakuläre Ausformung der Landschaften Norwegens hat seinen Anfang, sofern man dieses Wort überhaupt in diesem Zusammenhang gebrauchen darf, schon zu Urzeiten genommen. Natürlich ist es richtig, wenn in einschlägiger Literatur immer wieder auf die Eiszeit verwiesen wird, aber nehmen wir einen Industriezweig, der sich in den letzten Jahrzehnten rasant entwickelt hat, und fragen wir: Irgendwann mussten sich ja das Öl und Gas vor Norwegens Küste gebildet haben. Und die hohen Gebirgsketten entlang der Küste sind mit der Eiszeit allein auch nicht zu erklären.

So müssen wir, ohne uns allzu sehr in wissenschaftlichen Einzelheiten zu verlieren, 400 Millionen Jahre in der Erdgeschichte zurückgehen. In diesem unvorstellbaren gewaltigen Zeitraum entstanden die geologischen Voraussetzungen, damit wir heute Öl und Gas fördern können, um es dann im Handumdrehen zu verbrauchen.

Unruhiges Wasser auf der Fahrt durch den Westfjord. Für gut drei Stunden verlassen die Schiffe der Hurtigruten hier die schützende Küste und durchfahren eine der sogenannten „offenen Passagen", wo es schon mal kabbelig werden kann.

Bis vor 200 Millionen Jahren herrschte auf dem Gebiet des heutigen Norwegens tropisches Klima, der Meeresspiegel steigt und fällt. Kies, Sand und Schlamm werden in der Nordsee abgelagert. Organische Stoffe sinken im Wasser zu Boden, der Sauerstoffgehalt verringert sich und schließlich entstehen, vereinfacht und verkürzt dargestellt, in langen Zeiträumen unter steigendem Druck Öl und Gas. Ich breche ab und vermerke, dass der Geophysiker und Polarforscher Alfred Wegener einem anderen Phänomen der Erdgeschichte auf die Spur kam. Die Wissenschaft allerdings erkannte seine bahnbrechenden Beobachtungen und Darlegungen erst Jahrzehnte später an. 1912 beschrieb er das Auseinanderdriften riesiger Landmassen, wodurch verschiedene Kontinente entstanden und ihre Lage auf dem Globus veränderten. Die Plattentektonik hält die Erdoberfläche stetig in Bewegung.

So wie sich die Alpen oder der Himalaya durch das Aufeinandertreffen zweier Platten emporhoben, so fanden auch im nordeuropäischen Raum tektonische Bewegungen statt, wodurch die Gebirge Norwegens entstanden.

Während der jüngeren geologischen Erdgeschichte lag der Norden Jahrhunderte lang unter einer kilometerdicken Eisschicht, die zeitweise, wenn auch nicht in dieser Stärke, bis nach Mitteleuropa reichte. Vor etwa 11 000 Jahren kündigte sich das Ende der Eiszeit an. Nach mehreren „Warmzeiten" zog sich nun das Eis endgültig in nördliche Regionen zurück und hinterließ eine glatt geschmirgelte Landschaft voller Kies, Endmoränen und das sanfte Berliner Urstromtal.

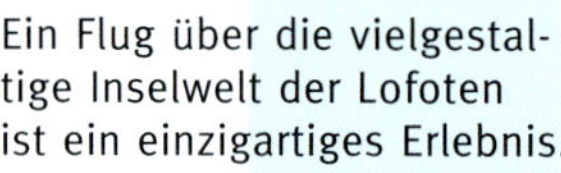

Ein Flug über die vielgestaltige Inselwelt der Lofoten ist ein einzigartiges Erlebnis.

Aber weiter oben im Norden hatten sich unter der riesigen Last und ständiger Bewegung des Eises elementare Veränderungen vollzogen. Schmelzwasser musste abfließen und vertiefte die Schluchten der norwegischen Gebirgskette, die unter dem Druck der Eismassen so tief gesunken waren, dass Meerwasser in die Täler drang und sich Fjorde herausbildeten, die Bergspitzen wurden abgehobelt, und als das Eis sie freigab, waren nur noch runde Kuppen zu sehen. Die Norweger nennen sie Fjell, und bei Wanderungen bieten Fjellstuer, Berghütten, Gelegenheiten zur Rast und Übernachtung. Auch die Hochebenen kamen zum Vorschein, die bedeutendste ist die Hardangervidda. Der Name „Vidda“ für Hochebene wird uns immer wieder begegnen.

Bis zum Ende der Eiszeit hatten sich die norwegischen Landschaften, die Gebirge und die Wunderwelt der Fjorde sowie die unzähligen glatt geschliffenen Schären und Inseln geformt. Doch vom Gewicht und Druck der Eismassen befreit, hob sich nun das Land, ein Prozess, der noch immer andauert.

Wikinger – räuberische Seefahrer und Händler

Die Besiedlung Skandinaviens, bedingt durch die klimatischen Verhältnisse, konnte erst sehr spät beginnen und dann auch nur zögerlich. In den wärmeren Gebieten der Erde waren bereits Hochkulturen entstanden und wieder untergegangen. Von den Ureinwohnern Norwegens sind keine Zeugnisse erhalten, es wird vermutet,

Das winterliche Dorf Reine auf den Lofoten.

elf Mann Besatzung auf seiner 18 Meter langen „Tigris", die aus irakischem Berdi-Schilf gefertigt worden war, die Tour über den Indischen Ozean. Nach geglückter Fahrt verbrannte er auf offenem Meer die „Tigris" kurz vor der Einfahrt zum Roten Meer. Es war sein Protest gegen die dort anhaltenden Kämpfe und der Waffenlieferungen aus den entwickelten Industrieländern.

Lebensfreude und Unbekümmertheit

Diese Lebensfreude, diese Unbekümmertheit und Unbefangenheit inmitten eines Fahnenmeers auf den Festumzügen in den Städten an einem bestimmten Tag im Mai ist für uns Deutsche – zumindest nicht sofort – erklärbar. Schon die Kleinsten schwenken ihre Fähnchen, während die Musikkapellen ausdauernd lärmen. In Oslo, um ein Beispiel zu nennen, wälzt sich der Paradezug durch die Karl Johans gate, die Prachtstraße der Hauptstadt, bis hinauf zum Schloss, der Residenz der Königsfamilie. Jedes Jahr begehen die Norweger – locker und in Festtagslaune – am 17. Mai ihren Nationalfeiertag. Und sie haben allen Grund. Die Selbst- und Eigenständigkeit kam sehr spät und erst nach Jahrhunderte währenden Kämpfen.

Einzelne Funde deuten darauf hin, dass Skandinavien vor allem nach der letzten Eiszeit vom Süden aus und später vom Osten her besiedelt wurde. Die Grenzen im äußersten Norden waren, falls man überhaupt davon sprechen konnte, über lange Zeiträume hin fließend, während sich im Süden Skandinaviens zwischen 800 und

Trubel am 17. Mai, dem Nationalfeiertag, vor dem Schloss in Oslo.

1200 einzelne Reiche herausbildeten. Ende des 9. Jahrhunderts schien es nach der siegreichen Seeschlacht 872 im Hafrsfjord, in der Nähe des heutigen Stavanger, König Harald Schönhaar zu gelingen, die einzelnen Wikingerkönige und Häuptlinge zu vereinen und ein norwegisches Reich zu schaffen. Es war nicht von Dauer. Erst mit der Durchsetzung des Christentums durch König Olav Haraldsson, der 1030 in der Schlacht vor Stiklestad fiel, rückte die Einigung näher, wenn auch die Kirche in den skandinavischen Länder durch ihre Bischofssitze maßgeblich Macht und Einfluss ausübte.

Die Grenzen verschoben sich in den nächsten Jahrhunderten durch Kriege, Händel, Intrigen und Ränke. Allein im 12. Jahrhundert kamen acht norwegische, vier dänische und drei schwedische Könige ums Leben. 1397 wurde in Schweden ein Bündnis zwischen dem dominierenden Dänemark, Schweden und Norwegen geschlossen, das für Skandinavien bestimmend wurde: die Kalmarer Union. Mit Schweden galt sie bis 1521. Norwegen hingegen erleidet die dänische Fremdherrschaft 400 Jahre lang – mit dramatischen Folgen.

Die skandinavischen Länder werden in den Dreißigjährigen Krieg und die Napoleonischen Kriege involviert. Nachdem sich 1807 Dänemark und damit auch Norwegen mit Frankreich gegen die Engländer verbindet und Napoleon 1813 in der Völkerschlacht bei Leipzig geschlagen wird, verändert sich im Norden die politische Landschaft wieder einmal. Dänemark findet sich auf der Verliererseite. 1814 muss es im Frieden zu Kiel Norwegen an Schweden abtreten.

Sollte nun Schweden die unrühmliche Rolle der Dänen weiter führen und die Eigenständigkeit der Norweger verhindern? Die Unabhängigkeit schien unter den gegebenen Umständen nicht möglich, aber die Norweger nutzten beim Wechsel der Machtverhältnisse ihre Chance. Auf einem Gutshof bei Eidsvoll schrieben sie Geschichte. Weit über hundert Teilnehmer berieten einige Wochen, um eine eigene, eine norwegische Verfassung auszuarbeiten. Und schon am 17. Mai 1814 wurde sie auf einer „Reichsversammlung" beschlossen und sogleich unterzeichnet. Ein gewichtiger Schritt zur Identitätsfindung der Norweger war getan – Grund genug, diesen Tag zum Nationalfeiertag zu erheben. 1905 löst das Parlament schließlich die Union mit Schweden auf.

Seite 22/23:
Å, auf der Insel Moskenesøy, ist der südlichste Ort auf den Lofoten.

Der Nationalfeiertag wird überall im Land „locker", natürlich vor allem mit Fähnchen und mit guter Laune gefeiert. Hier in Henningsvær.

Südnorwegen – Weisse Perlen und blühende Natur

Norwegen liegt, wie man so landläufig sagt, fast vor der Haustür und ist leicht zu erreichen. Mit dem Flieger in den hohen Norden, nach Oslo oder Bergen. Dann allerding nur mit „kleinem“ Gepäck. Günstiger sind die Fährverbindungen via Gedser oder Trelleborg. Man kann entspannt das Auto nutzen oder, ein wenig abenteuerlich, das Rad. Manchen genügt ein Rucksack. Bei den Radlern wird es schwieriger, allein schon aufgrund der großen Entfernungen, sofern man als Transitland Schweden oder Dänemark wählt. Selbst wer von Jütland aus startet und in Kristiansand, im „tiefsten“ Süden, ankommt oder sich gleich bis Bergen schippern lässt, hat es schwer.

Die bequemste Tour: Direkt von Kiel nach Oslo, über Nacht, und am Morgen ausgeruht die ersten Ansichten genießen. Der lang gestreckte Oslofjord führt schon weit in das Binnenland hinein. Und bei der Ankunft von der See her, bietet die Stadt ein beindruckendes Panorama, nicht nur wegen der neuen imposanten Oper dicht am Wasser.

Natürlich ist bereits Oslo einen Aufenthalt wert. Zahlreiche Museen, die die Wikingerzeit widerspiegeln oder die Erforschung der polaren Gebiete, laden zu Besuchen und die Stadt zum

Das neue Opernhaus in Oslo wurde 2008 eröffnet. Seit Mai 2010 liegt vor der Oper im Hafenbecken die weiße Skulptur „Hun ligger/She lies“. Die Skulptur wurde von der italienischen Künstlerin Monica Bonvicini geschaffen.

lebte, war Bjørnstjerne Bjørnson, der 1903 mit dem Nobelpreis geehrt wurde und die norwegische Nationalhymne schrieb.

Folgen wir dem Gudbrandsdal, so erreichen wir das westlich gelegene Gebirge der Riesen, Jotunheimen, oder weiter nördlich das Rondane-Gebirge.

Die Küstenroute, das Fjordland

Und da ist natürlich zuerst Kap Lindesnes zu nennen, das Südkap, wenn es auch nicht die Attraktivität des Nordkaps aufzuweisen hat. Die Fahrt dorthin, der Blick vom Felsen sowie der Leuchtturm lohnen allemal. Die zerklüftete Küstenlandschaft ist ein hervorragendes Urlaubsgebiet. Nur haben die Norweger noch nicht gelernt, die Werbetrommel zu rühren, wie etwa ihre schwedischen Nachbarn. Deren Werbeslogan klingt schlicht und einprägsam: „Västkusten är Bästkusten" – Die Westküste ist die beste (oder auch schönste) Küste. Nach Stavanger hin ändert sich die Landschaft. Fjordland kündigt sich an. Und dann dieses Stavanger. In kürzester Zeit hatte es sich neu erfunden, mutierte von einem verschlafenen kleinen Küstenort mit einer wunderschönen Altstadt zur geschäftigen modernen Boomstadt. Das Zauberwort hieß Öl. Das Datum: Dezember 1969. Erstmals stieß man bei einer Probebohrung auf flüssiges Gold, ein Weihnachtsgeschenk, das sich in den folgenden Jahrzehnten ununterbrochen vergrößerte und Norwegen Reichtum und Wohlstand brachte.

Doch die Stadt bietet sich auch als Ausgangspunkt für eine Fahrt durch den Lysefjord an, aus dessen Wasseroberfläche plötzlich eine knapp 600 Meter steile Felswand empor ragt: Preike-

Ausflugsziel Sørfjord am Hardangerfjord. Diese Gegend gilt als der „Obstgarten" Norwegens.

stolen, „die Felskanzel". Dieses Wunderwerk der Natur ist nicht zu toppen. Man kann sie auch mit dem Auto und anschließender anstrengender Wanderung erreichen.

Die Fahrt entlang der Küste nach Norden führt zwischen unzähligen Schären und Inseln hindurch, mitunter öffnen sich riesige Fjorde, die sich in Nebenarme verzweigen und weit ins Inland führen, wie etwa der 180 Kilometer lange Hardangerfjord. Und dann die Überraschung in einem seiner Nebenarme, dem Sørfjord, dem Obstgarten Norwegens. Im Frühjahr bieten Tausende von Bäumen ein unübersehbares Blütenmeer und im Herbst knackige Äpfel und andere Obstsorten. Wir konnten nicht widerstehen, zwei Reisen dorthin mussten es schon sein.

In Norwegen ist man vor Überraschungen nie sicher. Was wäre Norwegen ohne seine Wasserfälle, wie etwa den Steindalsfoss, unter dem man hindurchlaufen kann, oder den Zwillingswasserfall Låtefoss, um wenigstens zwei zu nennen. Und die vielen Stabkirchen aus der Wikingerzeit, Zeugnisse der mühsamen Christianisierung jener gottlosen Gesellen, die an Dutzende von Göttern glaubten. Eine der schönsten Kirchen steht in Borgund und die älteste, sie wurde zwischen 1130 und 1150 gebaut, ist in Urnes zu finden. Im Laufe der Zeit wurden sie umgebaut, erneuert oder repariert. Vieles ist trotzdem noch im Original erhalten.

Auf unserer Reise entlang der Küste ist eine der nächsten Überraschungen die alte Hansestadt Bergen. Sie war über Jahrhunderte hin eng mit der Historie Norwegens verbunden. Zeit ist einzuplanen, um sie zu erleben. Und auch die Umgebung lädt zu Entdeckertouren ein. Zumindest eine Fahrt mit der Flåmsbana, vom Meeresspiegel durch zwanzig Tunnel hindurch, vorbei an einem Wasserfall (mit einem Halt) bis zu einer Höhe von 800 Meter hinauf.

Im Sommer auf einem Kreuzfahrtschiff: der Geirangerfjord. Natürlich kann man ihn gleichfalls mit einer Fähre erleben oder mit den Auto. Auch hier wieder der Superlativ „einer der Schönsten". Wie oft könnte oder sollte man ihn noch gebrauchen. Wer mit dem Auto unterwegs ist, erklimmt auf einer engen kurvenreichen Mautstraße den knapp 1500 Meter hohen Dalsnibba, sofern er heil und ohne Kratzer an den Bussen vorbeikommt. Immerhin eine Übung für die spätere Tour auf den elf engen Haarnadelkurven des Trollstigen, „der Trollleiter" bei 12 Prozent Steigung. Sie lassen selbst den Passagieren in den Bussen mitunter den Atem stocken. Erleichterung, sobald man im Romsdal die Straße in Richtung Åndalsnes erreicht hat, um auf der Fahrt nach Norden nun Norwegens Mitte zu erleben.

Seite 30/31:
Die Festung Akershus an der Ostseite des Oslofjordes wurde zwischen 1299 und 1304 erbaut. Sie schützte den Hafen und die Stadt Oslo. Heute wird Akershus für Repräsentationszwecke der Regierung genutzt.

Frühes Erscheinen sichert in der meist überfüllten Flåm-Bahn mit Start in Flåm am Aurlandsfjord Sitzplätze.

Oslo – attraktive Hauptstadt am Fjord

Rechts:
Die Gustav-Vigeland-Anlage im Frogner Park ist reich an Plastiken des Bildhauers.

Seit 2008 hat Oslo eine neue Attraktion. Direkt am Fjord gelegen, scheint das moderne Opernhaus, die Nationaloper Norwegens, aus weißem Carrara-Marmor mit großen, reich gegliederten Glasflächen (und auf unsichtbarem festen norwegischen Granit erbaut), mitten aus dem Wasser zu steigen. Wer auf den schiefen Ebenen des beeindruckenden Kunstwerkes bis zum Dach spaziert, hat eine wunderbare Sicht auf den Fjord und zur Stadt hin. Wer einen umfassenden Blick über Oslo und in das weite Land genießen möchte, fährt zum nördlichen Stadtrand, wo ein technisches Kunstwerk aus schlichtem Beton zu bewundern ist: die für die Ski-Weltmeisterschaften 2011 völlig erneuerte Holmenkollen-Schanze.

Fram und Kon-Tiki

Ein Besuch der Museumshalbinsel Bygdøy (am besten mit der Fähre zu erreichen) garantiert eine interessante Begegnung mit der abenteuerlichen Vergangenheit Norwegens. Das Wikingerschiffsmuseum zeigt zwei teilweise im Original erhaltene 1000 Jahre alte Schiffe und weitere kunstvolle Zeugnisse aus jener Zeit. Ein ganzes Museum ist der „Fram“ vorbehalten, jener legendären Nussschale, mit der sich heute niemand mehr auch nur in die Nähe arktischer oder antarktischer Gewässer wagen würde. Seit 1893 wurde mit ihr Forschungsgeschichte geschrieben, sie hat alle abenteuerliche Reisen, selbst Monate langes Driften festgefroren im arktischen Eis, überstanden. Das Kon-Tiki-Museum wiederum führt in die Neuzeit, als Thor Heyerdal mit seinen Schilfbooten die Ozeane überquerte, um nachzuweisen, dass es Menschen selbst in primitiven Booten möglich gewesen sein müsste, von Kontinent zu Kontinent zu gelangen. Das Norwegische Maritim Museum informiert über Tiefsee-Archäologie und andere Seefahrer-Themen. Wer Interesse an originalgetreuen alten Gebäuden oder Stabkirchen hat, findet im Norwegischen Volksmuseum reiches Anschauungsmaterial, das vom 12. Jahrhundert bis in die unmittelbare Gegenwart reicht.

Unten:
Oslo gilt als die Stadt der Museen. Hier ein Exponat aus dem Kon-Tiki-Museum.

Rechts:
Das neue moderne Schmuckstück in Oslo. Dem Opernhaus kann man bis aufs Dach steigen. Das neue Wahrzeichen der Stadt wurde ab 2003 erbaut.

Frogner Park

Ein weiteres Highlight sollte man nicht verpassen: die Gustav-Vigeland-Anlage im Frogner Park westlich des Stadtzentrums. Während Edvard Munch (ihm ist ein großes Museum in Oslo gewidmet) weltbekannt ist, blieb Gustav Vigeland (1869–1943) dieser Ruhm verwehrt. Die Skulpturen ließen sich nicht transportieren. Heute gehört sein Skulpturen-Park – ein Gesamtkunstwerk aus 40 Jahren schöpferischer Tätigkeit – mit zu den meistbesuchten Sehenswürdigkeiten Oslos. Allein die Hauptachse des von ihm entworfenen Parks ist 850 Meter lang, an der mehrere Skulpturen-Gruppen postiert sind. Fast unübersehbar ist die Vielfalt seiner etwa 1600 Figuren. Die Themen stellen den Lebenszyklus des Menschen dar, wenngleich Vigeland nie sein Werk selbst interpretierte.

Oslo zeigt sich mit seinen rund 580 000 Einwohnern auch als Großstadt mit vergnüglichem Ambiente. Die 1,5 Kilometer lange schnurgerade Karl Johans gate vom Hauptbahnhof bis zum Schloss, die teilweise als Fußgängerzone ausgewiesen ist, lädt zu Flanieren ein. Oder man schlendert entlang der Shoppingmeile Aker Brygge, wo einst eine Werft stand, man aber heute auch ein (teures) Bier trinken kann und kostenlos auf den Hafen hinausschaut.

Die Nordseite des Rathauses von Oslo mit der großen astronomischen Uhr. Hier liegt auch der Haupteingang des Gebäudes.

Gustav Vigeland (1869–1943) gilt als der bekannteste Bildhauer Norwegens. Er entwarf aber auch 1902 die Friedensnobelpreis-Medaille.

Diese Schräge am Opernhaus führt bis ins Wasser des Oslo-Fjords.

Auch das lichtdurchflutete Innere des Opernhauses beeindruckt durch architektonische Eleganz.

Das Osloer Rathaus bleibt bei der Ankunft mit dem Schiff weiterhin das Wahrzeichen der Stadt.

Vor dem Nationaltheater von Oslo wurden Statuen zu Ehren der großen norwegischen Dichter und Dramatiker Henrik Ibsen (im Bild) und Bjørnstjerne Bjørnson errichtet.

Oben:
Für die weitläufige Vigeland-Skulpturen-Anlage sollte der Besucher Zeit einplanen.

Rechts:
Immer ein beliebtes Ziel zum Bummeln: die Hafenanlagen unterhalb des Rathauses.

Oben:
Ein Ausflug zur Holmenkollen-Schanze lohnt zu jeder Jahreszeit.

Links:
Der Festzug aus Anlass des Nationalfeiertages am 17. Mai führt zum Schloss.

Idylle und Nostalgie am Telemarkkanal

Rechts:
Der Telemarkkanal zwischen Dalen und Skien wurde ursprünglich angelegt, um den Holztransport (und die Verbindung) aus dem Landesinneren in Küstennähe zu ermöglichen.

Norwegens Landschaft bietet Gelegenheit für die abenteuerlichsten Trekking-Touren, aber auch für idyllische Ausflüge. Der Telemarkkanal lädt zu Letzterem ein, und während der Fahrt muss man sich hüten, dieses Wort allzu oft zu gebrauchen. Wer die Südküste entlang fährt, übersieht ihn zumeist. Er beginnt ziemlich unscheinbar in Skien und endet nach 105 Kilometern tief im Inland bei Dalen. Bis zu den Ausläufern der Hardangervidda ist es dann – nach norwegischen Entfernungsparametern zu urteilen – nicht mehr weit.

Der 1892 eröffnete Kanal diente wirtschaftlichen Interessen, vor allem der Holzflößerei zur Küste, dem Transport von Handelsgütern. Zugleich war er auch eine notwendige und nützliche Verbindung zur Außenwelt für die Bewohner in den abgelegenen Gebieten. Bis zu 72 Meter Höhenunterschied mussten bewältigt werden, wozu die achtzehn Schleusenkammern dienten, die von Schleusenwärtern per Hand geregelt wurden, was zum Teil auch jetzt noch geschieht. Für die damalige Zeit war der Bau eine beachtliche Ingenieurleistung.

Vom Fjord zum Fjell

Heute ist eine Fahrt auf dem Telemarkkanal für Touristen – zwischen Ende Mai und Anfang September – eine willkommene Erlebnistour. Wer hier entlang schippert, genießt die Ruhe und entspannt sich. Die engen Schleusen sind interessante „Beobachtungsstationen", und auf den Seen stören weder starke Böen noch Stürme die beschauliche Fahrt. Drei uralte (natürlich modernisierte und seetüchtige) Dampfer bewältigen die „Reise vom Fjord zum Fjell". Als „Königin des Telemarkkanals" tuckert die MS Victoria durch die Gewässer. Sie wurde 1882 in Oslo gebaut und diente zuvor auf offener See, 1959 zog die Neuzeit ein, der Dampfer verlor seine Rauchwolke und bekam einen Diesel-Motor spendiert.

Von Skien bis Dalen benötigen die nostalgischen Dampfer etwa elf Stunden, die Rückfahrt geht, den Strömungsverhältnissen geschuldet, etwas schneller. Und das dürfte vor allem den Kanuten und all jenen, die sich mit der Kraft von Paddeln auf dem Kanal vorwärts bewegen, von Nutzen sein. Nachdem

Unten:
Zur Nostalgie gehört, dass die Schleusen wie ursprünglich per Hand geöffnet werden.

Rechts:
Der Telemarkkanal wurde vor gut 100 Jahren in die Berglandschaft hinein geplant und bei seiner Fertigstellung im Jahr 1892 wurde er in Europa als „achtes Weltwunder" bezeichnet.

sie in Dalen ihre Tour begonnen und die beschaulichen Seen passiert haben, fängt für sie ab Flåbygd das Schleusenabenteuer an. Fahren Sie mit dem eigenen Boot, ist für Hin- und Rückfahrt ein Wochenurlaub fällig.

Natürlich kann man auch anders reisen und vom Fahrrad aus den Kanal bewundern, oder streckenweise das Rad transportieren lassen, um eine Fahrt auf dem Dampfer zu genießen. Wer sich um gar nichts kümmern möchte, bucht einen Platz im Sightseeing-Bus. Auch das ist eine besondere Art, den Kanal stressfrei zu erleben. Eine abendliche Rückfahrt mit dem Bus nach Skien, wo man kostenfrei das Auto geparkt hat, ist unproblematisch. Alternativ zu empfehlen: Am Ende der Tour bieten Hotels Übernachtungen an. Fügen wir noch einen Geheimtipp für rüstige Wanderer hinzu: Nach einer fünf Kilometer langen bergaufführenden Serpentinenstrecke gelangt man zur beeindruckenden Eidsborg-Stabkirche, die um 1250 erbaut wurde.

Insgesamt 18 Schleusenkammern wurde auf der 105 Kilometer langen Strecke gebaut, dabei wird ein Höhenunterschied von 72 Metern überwunden.

Eine Fahrt auf dem Telemarkkanal mit den urigen Ausflugsschiffen gehört heute zu den Top-Attraktionen in Norwegen.

Unten:
Der Leuchtturm auf Kap Lindesnes, dem Südkap Norwegens.

Rechts oben:
Die Stadt Kristiansand kann mit klassizistischen Bauwerken „auftrumpfen“.

Rechts Mitte:
Geschmückte Straßen in Kristiansand, einer freundlichen Stadt im Süden Norwegens.

Rechts unten:
Ankunft und Abfahrt der Fähren zwischen Dänemark und Kristiansand.

Unten:
Stavanger mit dem Hafenbecken Vågen und dem Valbergtårn, einem Turm, von dem aus in früheren Zeiten der Nachtwächter den ganzen Ort überblicken konnte.

Seite 46/47:
Glaubt man der Sage, soll der Dom von Stavanger um 1125 gebaut worden sein. Fakt ist jedenfalls, dass er die einzige Kathedrale Norwegens aus dem Mittelalter ist, die ihr ursprüngliches Aussehen bewahrt hat und kontinuierlich genutzt wurde.

Rechts oben:
Neben Fisch ist auf den Märkten Stavangers stets auch Obst und Gemüse sehr gefragt.

Rechts Mitte:
Die „Boomtown“ und Ölmetropole Stavanger bietet unter anderem vor den attraktiven Holzhäusern viele Lokale.

Rechts unten:
Die historische Altstadt Stavangers mit ihren typischen Gebäuden.

Links:
In Bergen ist der Fischmarkt berühmt. Zeigen wir doch mal, dass es auch andere „Lebensmittel" gibt, die man sofort mit Genuss verzehren kann.

Links Mitte:
Das Hanseatische Museum und das Bryggenmuseum informieren über Bergens Historie und die Hanse. 1343 gründeten deutsche Kaufleute hier ihr Handelskontor.

Links unten:
In der Stadt begegnet man immer wieder dieser Sightseeing-Bahn.

Unten:
Bryggen, „die Brücke“, ist die Flanierstraße entlang der wunderschönen Hanse-Holzhäuser.

Seite 50/51:
Um die einzigartige Aussicht über Bergen genießen zu können, kann der Besucher mit der Standseilbahn 320 Meter den Berg Fløyen hinauffahren.

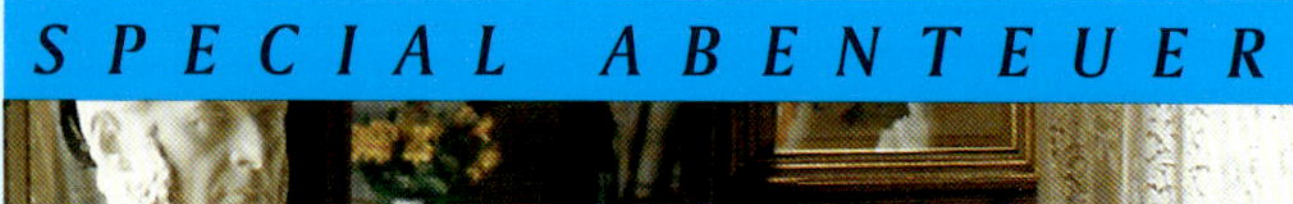

EDVARD GRIEG UND TROLDHAUGEN

Rechts:
Der berühmteste norwegische Komponist Edvard Grieg in Lebensgröße.

Unten:
Die Villa „Troldhaugen" des berühmten Komponisten.

Ob „In der Halle des Bergkönigs" bei „Solveigs Lied" oder „Anitras Tanz" – der geheimnisvolle Zauber nordischer Sagas ist zu spüren. Die Bühnenmusik zu Henrik Ibsens Drama „Peer Gynt" konnte tatsächlich nur ein Skandinavier schreiben. Edvard Grieg ist mit äußerst vielfältigen Werken, die zu seinen Lebzeiten europäische Konzertbesucher zu Ovationen hinrissen, noch immer der bedeutendste norwegische Komponist.

Komponisthytte

Der Bergen-Besucher fährt mit dem Auto oder dem Bus lediglich zehn Minuten, um Troldhaugen zu erreichen, das durch Griegs musikalischen Hochzeitstag bekannt geworden ist. Hier ließ er für sich und seine Ehefrau Nina 1885 auf einer kleinen Anhöhe, die in den Nordås-See hineinragt, eine Villa mit einer „Komponisthytte" errichten, wo er bis zu seinem Tod 1907 lebte und in ruhiger Abgeschiedenheit arbeiten konnte. Zumindest galt das für den Sommer. Im Winter hingegen ging er mit seiner Frau in Europa auf Tournee, da ihm das raue Wetter in Bergen gesundheitliche Beschwerden bereitete. Vor dem Abschied hinterlegte er in seinem Komponistenhäuschen stets einen Zettel, auf dem er eventuelle Einbrecher (von denen er annahm, dass sie tatsächlich lesen konnten) bat, seine musikalischen Aufzeichnungen nicht zu entwenden, da sie sowieso nur für ihn selbst von Wert seien. Im Inland war Edvard Grieg sowohl ein streitbarer Geist, als auch ein angesehener Konzertchef, Dirigent und Pianist.

Rechts:
Die Villa, fast im Originalzustand erhalten, kann besichtigt werden.

1928 wurden die Villa und das Komponistenhäuschen als Museum eingerichtet. Während die Villa frei zugänglich ist, kann der Besucher, wenn er den Weg zum See hinunter geht, lediglich durch eine altersblinde Scheibe einen Blick ins Innere seines Komponisten-Häuschen werfen, auf das Piano, den Schreibtisch (mit der Aussicht zum Wasser) und eine Art Diwan. Unterwegs begegnet man einer 1917 von Ingebrigt Viki geschaffenen naturalistischen 1,52 Meter großen bronzenen Statue, dies war die genaue Körpergröße Edvard Griegs.

In der neueren Zeit wurde ein wunderbares Konzerthaus mit 200 Plätzen errichtet, in dessen „Troldsaal" jeden Sommer ausgezeichnete und viel besuchte musikalische Veranstaltungen stattfinden, und last but not least öffnete 1995 zusätzlich ein modernes, fast möchte man sagen ein modernistisches Museum seine Pforten, um der nationalen und internationalen Bedeutung Edvard Griegs gerecht zu werden.

Ein anderer schmaler Weg zum Ufer hinunter bietet eine Überraschung: Mitten im Felsen befindet sich eine große eingemauerte Platte. Während einer Angeltour, als die letzten Sonnenstrahlen auf den Felsen trafen, habe Grieg gesagt, zumindest wird es so überliefert: „Da möchte ich für immer ruhen." So fanden die Urnen mit den sterblichen Überresten der Eheleute Grieg diesen ungewöhnlichen Platz hoch über dem See.

Links:
Griegs „Komponisten-Häuschen" liegt nur wenige Meter von der Villa entfernt am Nordås-See.

Unten:
Nina und Edvard Griegs außergewöhnliche letzte Ruhestätte im Fels am See.

Vom Bergbauernhof Kjeåsen öffnet sich ein fantastischer Blick über den Simadalsfjord. Der Aufstieg bis zu diesem Punkt dauert circa eineinhalb Stunden.

Am Westrand der Hardangervidda stürzt sich der Wasserfall Vøringfossen in die Tiefe.

Rechte Seite:
Allein schon dem Zuschauer stockt der Atem, wenn er den (oder die) schwindelfreie(n) Waghalsige(n) auf der Trollzunge beobachtet.

Oben:
Im Hemsedal soll es tatsächlich Elche geben.

Ganz links:
Im Naturpark Langedrag kann der Besucher „zahme“ Wölfe erleben.

Links:
Elchen kommt man selten so nah, im Naturpark Langedrag kann man sie fast streicheln.

Links:
Günstig für Nahaufnahmen ist das Luchsgehege in Langedrag.

Linke Seite:
Die Stabkirche von Røldal ist über die E 134 gut zu erreichen. Sie wurde um 1250 erbaut. Die erste schriftliche Erwähnung des Gotteshauses fand im Jahr 1462 statt.

Oben:
Eines der schönsten Panoramen im südlichen Norwegen: der Aurlandsfjord.

Rechts:
Die meisten der äußerst zahlreichen Campingplätze bieten auch solide Unterkünfte an, die sogenannten Hütten.

Links:
Der kleine Ort Solvorn liegt am Lustrafjord. Dieser wiederum ist ein Nebenarm des mächtigen Sognefjords. Von hier setzt die Fähre zur Stabkirche von Urnes über.

Eisige Gletscher und milde Küste – die Landschaften der „schmalen Mitte“

Wo beginnt nun die Mitte Norwegens? Die staatlichen Verwaltungsstrukturen helfen nicht weiter. Auch die Norweger selbst sind sich da nicht einig. Schließlich lassen sich Landschaften nicht exakt trennen oder einteilen. Doch mitunter tut man es, man sucht Linien, selbst wenn sie sich nicht immer wissenschaftlich-geografisch festlegen lassen, wie etwa der Polarkreis. Auch er ist keine Trennlinie zwischen der Mitte und dem Norden. Er verläuft direkt durch den Svartisen-Gletscher. Nehmen wir darum das Privileg eines „fließenden“ Übergangs in Anspruch. Gehen wir im Reich der Riesen, in Jotunheimen, vom Klima und dem „ewigen Eis“ auf den Gipfeln der zahlreichen Berge aus, dann ist der sonnige Süden endgültig vorüber. Vielleicht sind wir zur falschen Jahreszeit angereist? Gletscher-Touren werden angeboten. Doch wir sind sicher: Es herrscht Hochsommer, und Outdoorkleidung wird benötigt.

Vielleicht beginnt hier schon der Norden? Fahren wir hingegen in Richtung Westen zur Küste hinüber, könnte man die Outdoorkleidung gegen Badeutensilien tauschen. Dank des Golfstroms frieren im Winter die Küstengewässer nicht zu. Und im Sommer ist das Wetter ein

Norwegen zu verschiedenen Jahreszeiten – hier Ålesund im Winterkleid.

factory
outlet
knitwear
DEVOLD

Unten:
Die weiten Hochebenen des Dovrefjells, ein Teilgebiet wurde 1974 zum Nationalpark erklärt, laden zu Wanderungen ein. In der Ferne ist der Berg Snøhetta zu erkennen. Mit 2286 Metern ist er der höchste außerhalb Jotunheimens.

Rechts oben:
Östlich vom Dovrefjell, nach norwegischen Entfernungen geschätzt nur einen Katzensprung entfernt, liegt die alte Bergbaustadt Røros.

Rechts Mitte:
Hier wurde 300 Jahre lang Kupfer abgebaut. Die UNESCO nahm die gut erhaltene Siedlung in ihre Liste als Kulturerbe der Menschheit auf.

Rechts unten:
Dieser Oldtimer könnte sicher an einer Rallye teilnehmen. Für die Minenarbeiter allerdings war ein solches Gefährt unerschwinglich.

Moschusochsen-Safari im Dovrefjell Nationalpark

Rechts:
Die einzigen wilden Moschusochsen in Europa leben auf den Ebenen des Dovrefjells.

Dass Moschusochsen wehrhafte Tiere sind, wussten wir, das heißt in diesem Fall, Kai-Uwe wusste es von einer früheren Tour auf Grönland. Bei einer Wanderung in der Nähe der Diskobucht hatte er einen Bullen aufgescheucht, der in einer Senke lag. Erst als sich der Moschusochse schnaubend zum Angriff rüstete, bemerkte er ihn, und nur die Flucht (im „Hasenpanier", wie er lächelnd bemerkte) konnte Schlimmeres verhindern. Glücklicherweise ließ es der Bulle damals bei einem Scheinangriff bewenden. Wenn ein ausgewachsener Bulle losstürmt, kann er trotz seiner bis zu 400 Kilogramm Lebendgewicht Geschwindigkeiten bis zu 60 Kilometer pro Stunde erreichen.

Wir waren also gewarnt. So schließen wir uns in Oppdal einer geführten Moschusochsen-Safari an. Sie startet von Mitte Juni bis Mitte August direkt vor der Touristinformation des Ortes und dauert einen halben Tag. Diesmal ist also nicht Grönland Schauplatz der Exkursion, sondern der Dovrefjell Nationalpark in Norwegen. Trotzdem hat die Exkursion etwas mit Grönland zu tun. Denn die Moschusochsen im Nationalpark sind Reimporte von der Insel. Ursprünglich lebten die Kolosse auch in Norwegen. Dort wurden sie aber ausgerottet. Seit ein paar Jahren existiert im Dovrefjell jedoch wieder ein stabiler Bestand. Die Tiere sind relativ ortstreu, was die Chancen erhöht, Moschusochsen auch wirklich zu sehen. Allerdings wird vom Safari-Begleiter angeraten, einen Mindestabstand von 200 Metern einzuhalten, auch wenn die Tiere normalerweise friedfertig sind.

Unten:
Bei einer geführten Moschusochsentour wird ein Abstand von circa 200 Meter zu den Tieren eingehalten.

Rechts:
Ein solches „Porträt" gelingt nur mit einem sehr guten Teleobjektiv großer Brennweite (600 mm).

Von Oppdal fahren wir mit dem Auto bis zur Abzweigung nach Hjerkinn. Nach ein paar Kilometern auf der Stichstraße geht es zu Fuß weiter. Bei gutem Wetter ist die 2286 Meter hohe Snøhetta zu sehen. Ein markanter Berg, der als die höchste Erhebung Norwegens außerhalb von Jotunheimen gilt.

Hahnenfuß und Leimkraut

In der Hochgebirgslandschaft wachsen das Stengellose Leimkraut, Hahnenfuß und der Gebirgsfrauenmantel. Die Gegend ist tundraartig und abgeschieden, ein idealer Lebensraum für Moschusochsen. Und tatsächlich, wir entdecken eine Herde von circa 15 Tieren. Entspannt und friedlich grast sie an einem Berghang. Die willkommene und erhoffte Gelegenheit für uns, die Tiere zu beobachten. Ein Fernglas oder ein gutes Teleobjektiv sollte man unbedingt dabei haben.

Der Moschus wiegt zwischen 225 und 400 Kilo. Im Juli, August und September paaren sie sich, und neun Monate später kommen die Jungen zur Welt. Wegen seiner dicken Wolle kann der Moschus Temperaturen bis zu minus 50 Grad Celsius trotzen. Im Mai verlieren die Tiere ihre Unterwolle, während die Oberwolle immer erhalten bleibt. Verhängnisvoll für den Moschusochsen war die hervorragende Qualität der Unterwolle. Diese zählt zu den feinsten natürlichen Fasern. Deswegen und wegen seines Fleisches wurde er intensiv gejagt, und weltweit gingen die Bestände zurück. Erst Schutzmaßnahmen seit Mitte des vergangenen Jahrhunderts konnten die Tiere retten. Seit 1947 können sich Einheimische und Besucher über diese wunderbaren Tiere im Dovrefjell Nationalpark wieder freuen.

Links:
Geführte Foto-Safaris erleichtern das Auffinden der wilden Tiere.

Unten:
Es ist gefährlich, den Moschusochsen zu nahe zu kommen.

Links:
Nachdem die Holzhäuser Ålesunds 1904 einem verheerenden Brand zum Opfer fielen, wurde die Stadt im damaligen Jugendstil, jetzt aus Stein, wieder aufgebaut.

Links Mitte:
Eine der Attraktionen Ålesunds ist das große Aquarium. Beim Füttern wird der Taucher von den Fischen dicht umringt.

Links unten:
Unbedingt lohnenswert: ein Spaziergang durch die Kongensgate. Hier ist Jugendstil mit modernem Ambiente vereint.

Unten:
Der Hafen von Ålesund wird auch von den Schiffen der Hurtigruten-Linie angelaufen.

Oben:
Blick auf den Ort Geiranger und den gleichnamigen Fjord.

Rechts:
Den Wasserfall „Die sieben Schwestern“ erleben die meisten Besucher beim Vorüberfahren mit dem Schiff.

Links:
Wer bei einem Zwischenstopp der Hurtigrute einen Landausflug zum Trollstigen gebucht hat, verlässt das Schiff in Geiranger.

Unten:
Der Trollstigen, circa 20 Kilometer von Åndalsnes entfernt, ist eine der bekanntesten Touristenstraßen Norwegens. Auf der kurzen Strecke mit teils zwölf Prozent Gefälle müssen elf Haarnadelkurven gemeistert und 405 Höhenmeter überwunden werden.

Die schönste Seereise der Welt – Hurtigruten

Rechts oben:
Hurtigruten transportiert nach wie vor schwere und sperrige Güter in Richtung Norden und zurück. Hier die MS Midnatsol in der Nähe von Skjervøy.

Rechts Mitte:
Sehr modern und komfortabel geht es auf den Hurtigruten-Schiffen der sogenannten neuesten Generation zu. Hier die Rezeption auf der MS Midnatsol.

Unten:
Die MS Nordnorge im Hafen von Hammerfest.

Es wäre seltsam, hätte sich die Seefahrernation nicht etwas Besonderes ausgedacht, um Norwegen auch vom Meer aus zu präsentieren – und das mit Erfolg. „Die schönste Seereise der Welt“, lautet der Slogan von Hurtigruten, der „schnellen Route“, und ihr vertrauen seit Jahrzehnten immer mehr Passagiere. Aus einer ursprünglich bescheidenen Anzahl von Küstendampfern wurde inzwischen eine beachtliche, moderne Flotte.

Dabei fing alles mit einer wirtschaftlich-pragmatischen Frage an. Wie können wir eine verlässliche Verbindung zwischen dem Norden und den südlichen Landesteilen schaffen, trotz eisiger Kälte und tief verschneiten, mitunter nicht passierbaren Wegen im Winter? Der clevere Kapitän Richard With kam auf den Gedanken, eine Seeroute einzurichten, und 1893 unternahm das erste Postschiff die beschwerliche Reise zwischen den Klippen und Inseln hindurch, denn es gab kaum verlässliche Seekarten. Im Museum von Stokmarknes auf den Vesterålen-Inseln ist die Geschichte der Hurtigruten durch die Zeit dokumentiert.

Natur im Mittelpunkt

Heute transportieren die 13 Hurtigruten-Schiffe zwar noch immer größere Frachtgüter und Autos, vor allem aber haben sie sich der Touristik geöffnet und den Bedürfnissen der Passagiere angepasst, angefangen von nostalgischem Ambiente

Rechts unten:
Die Küche der Hurtigruten-Schiffe bietet nordische und internationale Speisen an. Diese werden, wie hier auf der MS Nordnorge, in geräumigen Speisesälen und Restaurants eingenommen.

bis zur luxuriösen Ausstattung der Schiffe der neuesten Generation. Allerdings muss niemand zum Dinner in Abendrobe und Anzug erscheinen, legere Kleidung ist angemessen. Man wird auf den Schiffen keine Animateure treffen, die auf größeren Kreuzfahrtschiffen die Langeweile zu vertreiben versuchen. Bei Hurtigruten-Reisen steht die Natur im Mittelpunkt.

Die Touren beginnen in Bergen und enden im hohen Norden in Kirkenes. Haben Sie keine Rückreise gebucht und das eigene Auto nicht dabei, treten sie mit dem Flieger die Heimreise an. Sowohl auf der nordgehenden als auch auf der südgehenden Tour, die in Kirkenes beginnt, werden 34 Häfen angelaufen. Selbstverständlich ist es möglich, nur Teilstrecken zu buchen.

Oder Sie wollen bloß von einem zum anderen Hafen reisen, mit Rucksack oder Auto. Bei letzterem ist im Sommer jedoch eine Vorbuchung zu empfehlen.

Natürlich können sie die Natur auf angebotenen Ausflügen auch „direkt“ erleben. Im Sommer den Hardanger-Fjord mit einer Bustour zum legendären Trollstigen (der Trollleiter) mit den atemraubenden Haarnadelkurven oder zum Svartisen-Gletscher. Hurtigruten fährt auf den Lofoten in den schmalen, von bis zu 1000 Meter steilen Felsen gesäumten Trollfjord hinein. Und wer das Nordkap erleben will, kann einen Ausflug zum nördlichen Ende des europäischen Festlandes buchen.

Und im Winter? Dank des Golfstromes bleibt die Küste eisfrei. Eine geruhsame Reise, auf der die Küste im Winterkleid vorüberzieht. Bei stürmischem oder anderem „ungemütlichen“ Wetter ist sie vom Panoramasalon aus zu genießen. Ende Februar steigt die Sonne über den Horizont. Und mitunter das besondere Erlebnis, das nur der Winter bieten kann. Das geheimnisvolle Spiel des Nordlichts.

Ganz links Mitte:
Die Reiseleiter auf den Hurtigrutenschiffen haben viel zu tun. Sie müssen die Tagestouren ausschreiben und das Ausflugsprogramm betreuen. Außerdem stehen sie (mehrsprachig) für die Fragen der Passagiere zur Verfügung.

Links:
Die MS Nordstjernen in Tromsø. Das Schiff fährt aktuell nicht mehr in der Flotte.

Unten:
Die MS Nordlys im Gisund zwischen der Insel Senja und dem Festland.

Links:
Die MS Nordstjernen gehört zur sogenannten ältesten Generation (Nostalgieschiffe) und hat schon über 50 Jahre auf See hinter sich. Das Schiff wird nur bei Bedarf eingesetzt.

Ganz links:
Eine der schönsten Innenausstattungen der Hurtigruten-Schiffe besitzt die MS Polarlys.

RICHARD WITH

Linke Seite:
Kristiansund ist am besten auf dem See- oder dem Luftweg zu erreichen. Die schöne Stadt wurde über drei Inseln, die mit Brücken verbunden sind, erbaut.

Links:
Die Ansicht Trondheims wird vom Nidaros-Dom dominiert. Von 1818 bis 1906 war er Krönungsstätte norwegischer Könige. Die Ursprünge der Stadt gehen auf das Jahr 997 zurück.

Oben:
Vor der Durchfahrt durch den Stokksund hupen die Hurtigruten-Kapitäne, um entgegenkommende Fahrzeuge zu warnen. Einige Abschnitte sind von der Brücke des Schiffs nicht einzusehen.

Rechts:
Ein schöner Platz zum Entspannen am kleinen Åfjord.

Oben:
Fahrt durch den Schärengarten von Rørvik.

Links:
Das moderne Küstenmuseum von Rørvik bietet umfangreiche seehistorische Sammlungen.

Nordnorwegen – Nordlichter und Mitternachtssonne

Wer selbst nach einem Besuch Trondheims nicht wieder Richtung Süden fährt, hat sicher nur das eine Ziel im Navi gespeichert – das Nordkap. Eine Schwierigkeit, die man mitunter erst jetzt bemerkt: Zeitnot.

Wahrscheinlich ist der Urlaub zu kurz. Vielleicht aber hat man sich unterwegs auch allzu oft „ablenken" lassen. Vor solchen „Unwägbarkeiten" ist der Nordlandfahrer allerdings auch weiterhin nicht gefeit. Seien es die Lofoten oder die ausgedehnten Gebiete des norwegischen Lapplands, in denen die Samen leben oder ... zählen wir die Highlights des Nordens nicht auf, sie sind zu zahlreich. Die großen Entfernungen zwingen zum Nachdenken (schließlich muss man ja auch irgendwann wieder zurück). Die Höchstgeschwindigkeit ist auf 90 Kilometer pro Stunde beschränkt, die Bußgelder sind enorm und wem mehr als 0,2 Promille Alkohol im Blut nachzuweisen sind, kann aus finanziellen Gründen den nächsten Urlaub in den Wind schreiben.

Wir wissen das, haben uns Zeit genommen und – ich verrate kein Geheimnis – sind des Öfteren in dieses wunderbare Land gefahren, haben es aus der Luft genossen, auf Fähren oder mit Hurtigruten von See aus, im Sommer wie im Winter. Und dies sind die zwei einzigen Jahres-

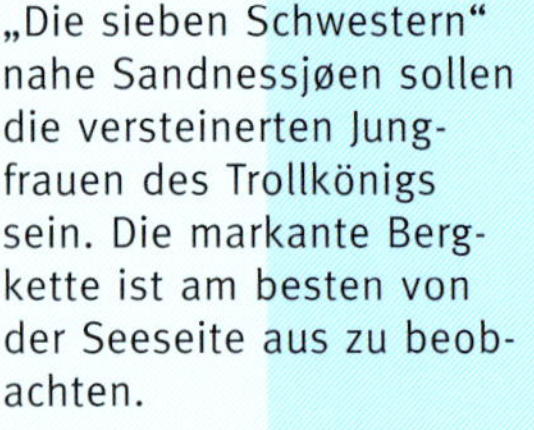
„Die sieben Schwestern" nahe Sandnessjøen sollen die versteinerten Jungfrauen des Trollkönigs sein. Die markante Bergkette ist am besten von der Seeseite aus zu beobachten.

Unten:
Torghatten, der Berg mit dem riesigen Loch bei Brønnøysund. Die Legende erzählt, wie es entstanden ist.

Rechts oben:
Die Fahrt entlang der Helgeland-Küste führt zwischen mehreren tausend Inseln hindurch.

Rechts Mitte:
Die 1065 Meter lange und 138 Meter hohe Helgeland-Brücke ist ein Meisterwerk der norwegischen Brückenbauer.

Rechts unten:
Ausblick auf das Eismeer vom Campingplatz Steiro nahe Sandnessjøen.

Bei einer Fahrt auf der RV17 entlang der Helgeland-Küste muss man mehrmals auf Fähren umsteigen wie hier zwischen Nesna und Levang.

Der Hafen von Ørnes. Er wird auch von den Hurtigruten-Schiffen angefahren.

Das Polarkreiszentrum ist auch bei Nebel ein Stopp für alle Nordlandfahrer. Viele Besucher errichten zur Erinnerung Steinmännchen in den umliegenden Geröllfeldern.

Der Svartisen-Gletscher auf dem Polarkreis. Wer ihn auf der Landseite besucht, kann neben ihm eine leichte Klettertour unternehmen.

Seite 98/99:
Saltstraumen, der größte Gezeitenstrom der Erde, zwängt sich über drei Kilometer durch einen 150 Meter engen Sund. Natürlich ist er auch ein Anglerparadies.

Fischparadies – Angeln in Norwegen

Wer in Norwegen unterwegs ist, sieht sie überall – die Einheimischen und die Besucher – wie sie ihre Angeln auswerfen, geduldig auf einen Fang warten oder mit der bis zum zerbrechen gebogenen Rute den Fisch an Land ziehen. Sollte er allzu groß sein, kommt der Kescher zum Einsatz, um den Fang schließlich doch aus dem Wasser hieven zu können. Sie stehen an und in den klaren Flüssen, den Wildbächen, zahlreichen Seen und Fjorden, an der Küste, ja, sie fahren sogar auf das offene Meer hinaus, um ihrer Leidenschaft zu frönen. Und wer kein Boot sein Eigen nennen kann, mietet es oder schließt sich einer geführten Tour zu den Fangplätzen an, bei denen auf keinen Fall mit Netzen gefischt werden darf.

Natürlich kostet eine solche Safari Geld, doch das Angeln an der Küste, im Salzwasser, ist völlig umsonst. Im Inland hingegen sind vor dem Vergnügen Formalitäten zu erledigen. Auf dem Postamt ist die staatliche Fiskeavgift, eine Art Eintrittskarte ins Fischparadies, zu bezahlen, danach in der Touristinformation, auf dem Campingplatz oder in anderen Verkaufsstellen, vor allem jedoch in der Kommune, die Fiskekort (der Angelschein), die Erlaubnis, um in bestimmten Gebieten, die man selbst ausgewählt hat, angeln zu dürfen.

Rechts:
Angler gehören, fast möchte man sagen, in Norwegen zum Landschaftsbild.

Unten:
Unser Lachs in den Kaufhallen und Geschäften stammt aus diesen Zuchtanlagen in den Fjorden.

Über 200 Seen

Dann allerdings kann es losgehen. Wenn es sich mitunter auch als etwas schwierig erweist. Wer ist schon darauf vorbereitet, dass in Norwegen – im Unterschied zu Finnland, das sich gern als Land der 1000 Seen bezeichnet – über 2000 Seen verzeichnet sind, von den unzähligen Wildbächen ganz zu schweigen. Lassen wir uns nicht verunsichern, natürlich findet jeder trotzdem seinen Platz.

Wo und in welchen Flüssen angeln und welche Fische fangen? Das sollte schon der Petrifischer selbst entscheiden, ob Meer- oder Bachforelle, ob Aal oder ... Irgendetwas fängt er immer.

Rechts:
Die zahllosen Flüsse und Bäche mit klarem Wasser, hier das Hemsedal, bringen Anglern reichen Fang.

Links und unten:
Auch auf der Atlantikstraße finden sich viele Angler. Die prächtigen Exemplare, die aus dem Wasser zu holen sind, ziehen viele Touristen an. Besonders gefragt ist Wildlachs während der Saison.

Und bei der Wahl der Flüsse kann er bestimmt nichts falsch machen, im Süden, im Norden, an der Atlantikstraße ... lassen wir auch hier jegliche Aufzählung bleiben. Sicher nicht überall ist der Lachs zu fangen.

Der Lachs! Natürlich hat jeder den Größten geangelt, und er war selbst mit dem Kescher nicht aus dem Wasser zu ziehen. Jäger- oder besser Anglerlatein blüht, besonders unter den Einheimischen. Der Lachs – der besondere Fisch, massenweise in den Fjorden gezüchtet – und der Wildlachs, der immer weniger wird, der vom Atlantik zurückkehrt, an den Flussmündungen kurz verweilt (wo er dann am leichtesten zu angeln ist), bevor er stromaufwärts schwimmt, oft gehindert von menschlichen Bauwerken – aber mitunter auch mit voller Absicht: die sogenannten Lachstreppen, eine Selektion zwischen Wildlachs, der kräftig genug ist, den Wasserfall zu überwinden, und den vielen Zuchtlachsen, die den Netzen entweichen und zu schwach sind. Sie werden „aussortiert". Ein Erlebnis der besonderen Art erwartet den Besucher im Wasserfall Sandfossen, wo er durch Scheiben hindurch unter Wasser die Lachse beobachten kann. Die Lachssaison beginnt, in vielen Kommunen gefeiert, Anfang Juni und endet Mitte September.

Links:
Einfahrt in den Trollfjord im Winter. Das Wasser bleibt aufgrund des Golfstroms eisfrei.

Links Mitte:
Die meisten der jährlich circa 280 000 Lofoten-Touristen besuchen auch Svolvær, den mit knapp 4000 Einwohnern größten Ort des Archipels.

Links unten:
Der Raftsund ist auch im Winter eine „Bilderbuchlandschaft“ Norwegens. Am besten erkundet man die schmale Wasserstraße mit der Hurtigrute oder einem Ausflugsboot von Svolvær aus.

Unten:
Vor der Einfahrt in den legendären Trollfjord wird der Raftsund durchquert.

Linke Seite:
Früher ruderten bis zu 1500 Fischer aus dem hufeisenförmigen Hafen von Nusfjord, um auf Fischfang zu gehen. Doch diese Zeiten sind aufgrund des schwindenden Kabeljaubestandes vorbei.

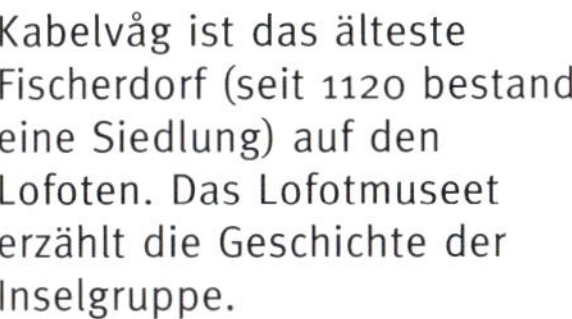

Kabelvåg ist das älteste Fischerdorf (seit 1120 bestand eine Siedlung) auf den Lofoten. Das Lofotmuseet erzählt die Geschichte der Inselgruppe.

Das kleine Fischerdorf Henningsvær erstreckt sich über mehrere Inseln mit einem idyllischen Hafen.

Harstad ist der größte Ort auf der größten Insel der Vesterålen und Norwegens. Zur Erkundung ist Zeit einzuplanen.

Drei Kilometer nördlich von Harstad liegt die sehenswerte Steinkirche (mit drei Meter dicken Mauern) von Trondenes.

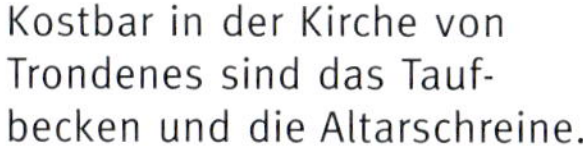

Kostbar in der Kirche von Trondenes sind das Taufbecken und die Altarschreine.

Einen Stopp sollte man auch im anschließenden Trondenes Historiske Senter einlegen. Eine ansprechende Ausstellung sowie eine Multimedia-Show führen durch die norwegische Geschichte von der Zeit der Wikinger bis heute.

Seite 110/111:
Die MS Nordlys an der Brücke von Finnsnes zur Insel Senja.

FINNSNES

HURTIGRUTEN
NORDLYS

Linke Seite:
Das Dorf Senjahopen im Licht der Mitternachtssonne.

Immer wieder Ausblicke und landschaftliche Überraschungen. Skåland passiert man auf dem Weg nach Bøvær.

Der Blick von Bergsbotn auf den Bergfjord ist wunderschön.

Oben:
Weiterfahrt nach Tromsø. Das Wahrzeichen der Stadt ist die außergewöhnliche Eismeerkathedrale.

Rechts:
In Tromsø sind neben modernen Bauten noch viele schöne alte Gebäude, vor allem auch Holzhäuser zu finden.

Links:
Der Polarforscher Roald Amundsen hat in Tromsø einen Ehrenplatz.

Rechts:
Die Berge in der Umgebung sind nicht so hoch und schroff wie in den südlicher gelegenen Gebirgsregionen. Sommer-Trekking von Tromsø aus, hier am Tromsdalstind.

Unten:
Das große Areal mit den bis zu mehreren tausend Jahren alten Felsritzungen in Alta wurde von der UNESCO zum Weltkulturerbe erklärt.

Oben:
Eine Wanderung zum Alta-Canyon lohnt sich auf jeden Fall.

Links:
Von Alta aus sind das kulturelle Samenzentrum in Karasjok und die Region um Kautokeino zu erreichen. Hier die typisch tundraartige Landschaft des Nordens.

Reidun ist eine Schamanin der Samen in Nordnorwegen.

In Karasjok erfährt der Besucher mehr über das Brauchtum der Samen.

Die Rentierzucht ist nicht mehr die Haupteinnahmequelle der Samen wie in der Vergangenheit.

Natürlich leben die Samen heute nicht mehr in Zelten. Sie bieten, besonders für die Touristen, Einblicke in alte Lebensweisen.

Das nördliche Ende Europas – das Nordkap

Rechts:
Der markante Nordkap-Felsen mit der Mitternachtssonne. Das geografische Nordkap, der nördlichste Punkt des europäischen Festlandes, liegt weiter nordwestlich.

Unten:
Während man früher mit der Fähre (wesentlich billiger) zur Nordkap-Insel übersetzen konnte, muss man heute eine saftige Maut entrichten.

Natürlich scheint am Nordkap die Sonne, trotz aller Unkenrufe jener Nordland-Fahrer, die sie bei ihrem Besuch vermisst haben. Zumindest im Sommer kann man mit ihr rechnen. Das heißt, wenn kein Nebel den markanten Felsen im grauen Nichts verschwinden lässt. Doch Minuten später schon fegt der Wind über das Plateau, Meer und Landschaft erstrahlen im Licht der Mitternachtssonne, und wer Glück hat, erlebt sie. Schließlich scheint sie, ob Wolken den klaren Himmel verdecken, Regen niederprasselt oder undurchdringlicher Nebel herrscht, 24 Stunden am Tag. Korrigieren wir unsere gewohnte Tageseinteilung. Sie scheint ununterbrochen einige Wochen hindurch. Sie verschwindet nie unter den Horizont.

Wir haben sie erlebt, die Unwägbarkeiten des Wetters und die Sonne um Mitternacht. Geduld und Warten waren gefragt, bei eiskaltem Wind mitten im Sommer. Doch wir verraten auch: Es ging uns wie vielen anderen, wir mussten des Öfteren zum Nordkap fahren.

Das Nordkap hat das ganze Jahr über Saison, selbst während der dunklen Wintermonate. Dann allerdings wird ein Teilstück der Straße zum Kap für den privaten Verkehr gesperrt, und bei entsprechendem Wetter startet eine organisierte Fahrt. Schließlich wollen die meisten Besucher – ganz gleich zu welcher Jahreszeit – vor allem das Erlebnis Nordkap und einmal

am nördlichsten Ende Europas stehen (sehen wir von Spitzbergen ab, das auch zu unserem Kontinent gehört).

Der attraktive steile Felsen mit dem stilisierten Globus, der sich etwa 308 Meter aus dem Eismeer erhebt und bis zum Plateau noch weiter ansteigt, ist es jedoch nicht. Eine unscheinbare Landzunge, die 4,5 Kilometer weiter nordwestlich sanft zum Meer hin abfällt, ist das wirkliche, das geografische Nordkap. Tipp: Wer sein Auto auf dem Parkplatz an der E69 (sieben Kilometer vor dem Nordkapplateau) abstellt, kann es auf einem Wanderweg nach etwa 2,5 Stunden erreichen.

Eine andere Wanderroute: Mit dem Auto drei Kilometer von der E69 nach Skarsvåg fahren, dann 30 Minuten zum Felsen Kirkeporten laufen, um von dort den Blick zum Horn am Nordkap (oder zur Mitternachtssonne) zu genießen.

Rechts:
Für Besucher, die immer noch nicht glauben, dass sie am Nordkap sind, wurden hier die genauen geografischen Daten manifestiert.

Vogelsafari

Sollte mehr Zeit zur Verfügung stehen, und man will nicht nur in der Nordkaphalle das Panoramakino besuchen (um sich dort eine Dokumentation über den Lauf der Mitternachtssonne anzusehen) oder im teuren Restaurant speisen, dann startet man am besten zu einer Vogelsafari. Das Boot fährt von Gjesvær aus zu einem Naturreservat und Vogelfelsen, wo nicht nur der Clown des Nordens, der Papageitaucher, mit seinen plumpen Flugkünsten zu bewundern ist. Vielleicht wollen Sie eine andere Bootstour unternehmen.

Doch spätestens jetzt ist ein pekuniärer Blick auf die Reisekasse angebracht. Die Nordkap-Gebühren haben sich in Schwindel erregende Höhen geschraubt. Günstiger – bequemer und entspannender, wenn auch mit festgelegtem Programm, ist eine Pauschalreise. Man muss kein Prophet sein, um trotz der Kosten dem Nordkap einen steigenden Besucherstrom vorauszusagen.

Links:
Die Magerøya, die „Magere Insel“, besteht nicht nur aus dem Nordkap.

Unten:
Die Nordkaphalle ist ein beliebter Zufluchtsort für Besucher des oftmals stürmischen Nordkaps.

Links:
Ein Ausflug zur Kirkeporten, zur „Kirchentür“, ist immer ein Erlebnis, selbst wenn keine Sonne scheint.

Rechte Seite oben:
Vardø ist ein historischer Ort mit Festungsanlagen, die 1738 auf zwei Burgruinen aus der Zeit um 1300 und 1460 erbaut wurden.

Wer mit Hurtigruten (oder auch mit dem Auto) weiter in Richtung Osten fährt, trifft auf Båtsfjord. Hier die Ausfahrt aus dem Hafen.

Der Hurtigrutenhafen von Berlevåg wird von den großen Postschiffen angefahren.

Rechte Seite unten:
Sonnenauf- oder Sonnenuntergang? Im Licht der Mitternachtssonne ist dieser Übergang fließend.

Ein unvergessliches Erlebnis für Nordlandfahrer im Winter: die Farbenspiele des Nordlichts.

Impressum

Buchgestaltung:
www.hoyerdesign.de

Karte:
Fischer Kartografie, Aichach

Printed in Germany
Repro: Artilitho snc, Lavis-Trento, Italien
www.artilitho.com
Druck/Verarbeitung: Offizin Andersen Nexö, Leipzig

ISBN 978-3-8003-4607-3

Unser gesamtes Programm finden Sie unter:
www.verlagshaus.com